Italian Favorites for
ACCORDION

Arranged by Gary Meisner

ISBN 978-0-634-07016-7

HAL•LEONARD®
CORPORATION
7777 W. BLUEMOUND RD. P.O. BOX 13819 MILWAUKEE, WI 53213

In Australia Contact:
Hal Leonard Australia Pty. Ltd.
22 Taunton Drive P.O. Box 5130
Cheltenham East, 3192 Victoria, Australia
Email: ausadmin@halleonard.com

Visit Hal Leonard Online at
www.halleonard.com

CONTENTS

BRINDISI

Words and Music by
GIUSEPPE VERDI

Moderately

Violin *mp*

Master

Li -

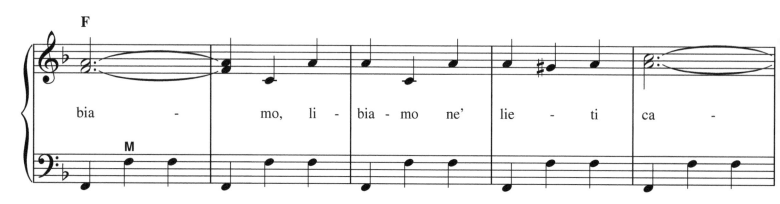

bia -   mo,   li - bia - mo ne'   lie - ti   ca -

- li - ci,   che la___ bel - lez - za___ in - fio -

ra;   e la_____   fug - ge - vol, fug -

ge - vol o - ra s'in - ne - brii a

vo - lut - tà. Li - biam ne'

dol - ci fre - mi - ti che su - sci -

ta l'a - mo - re, poi - chè quel -

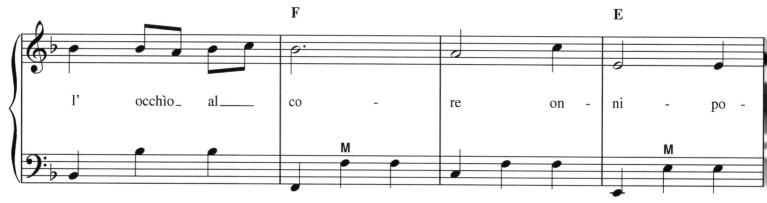

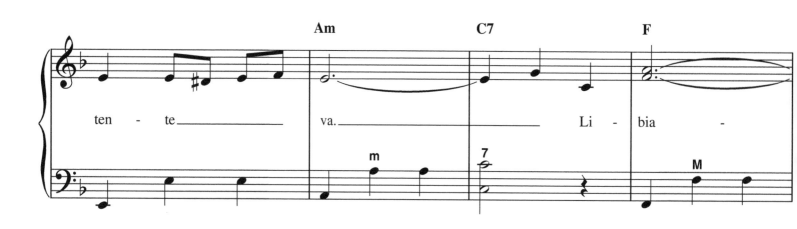

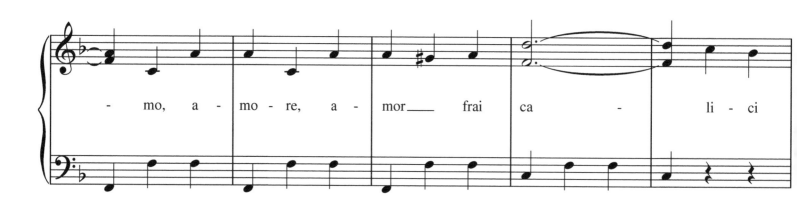

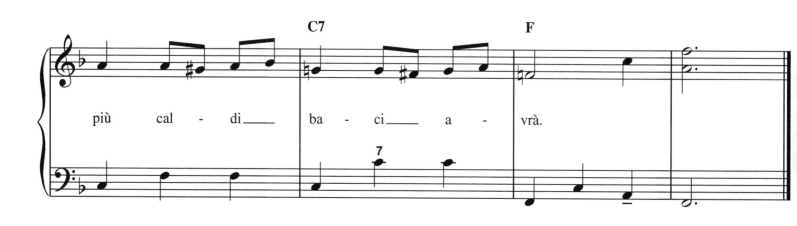

CARNIVAL OF VENICE

By JULIUS BENEDICT

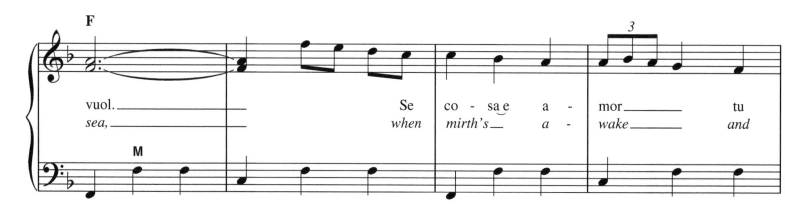

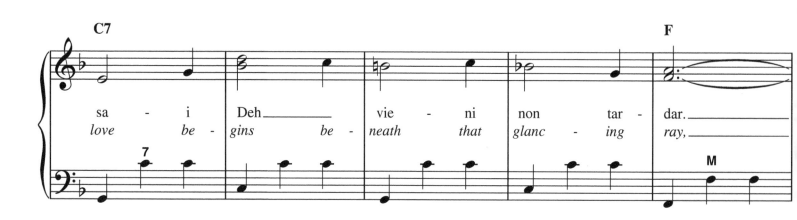

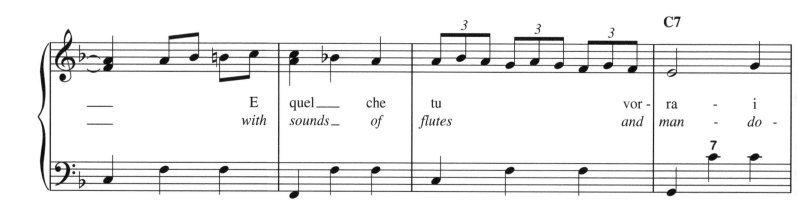

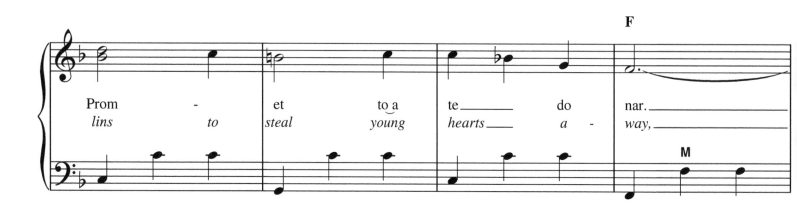

La bru - na gon - do - let -
then come to me when day - light

ta ap - pres - ta Bar - ca - rol,_____
sets, my sweet, ta then come to me_____

Oltr' il_____ ca - nal_____ m'a - spet -
when smooth - ly go_____ our gon - do -

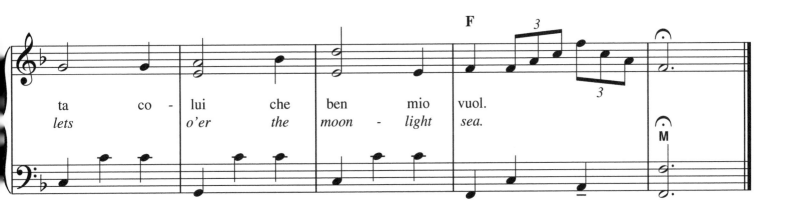

ta co - lui che ben mio vuol.
lets o'er the moon - light sea.

9

CIRIBIRIBIN

Words and Music by
ANTONIO PESTALOZZA

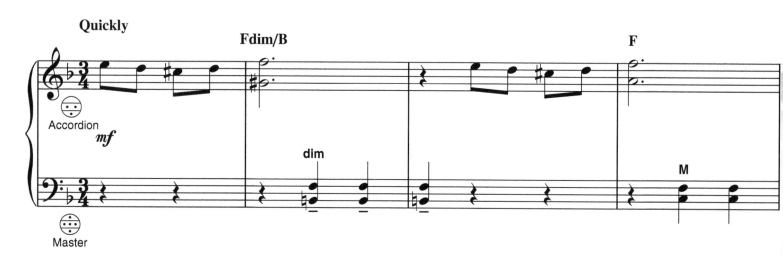

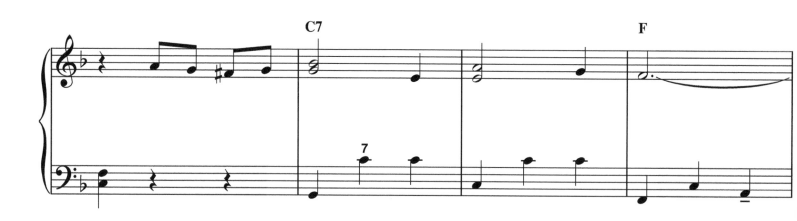

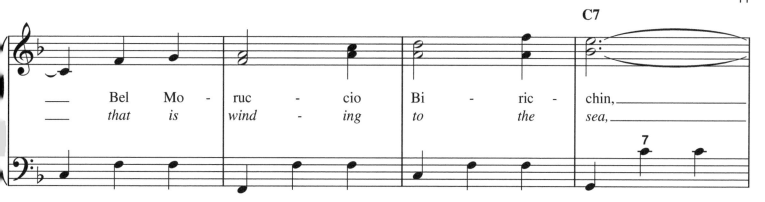

Bel Mo - ruc - cio Bi - ric - chin,
that is wind - ing to the sea,

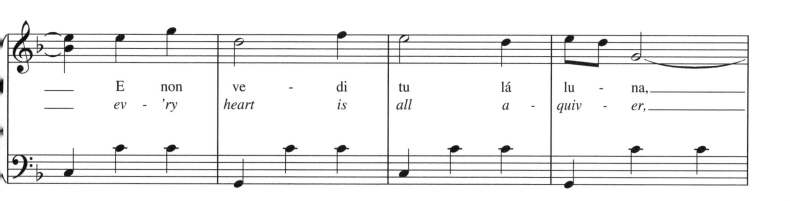

E non ve - di tu là lu - na,
ev - 'ry heart is all a - quiv - er,

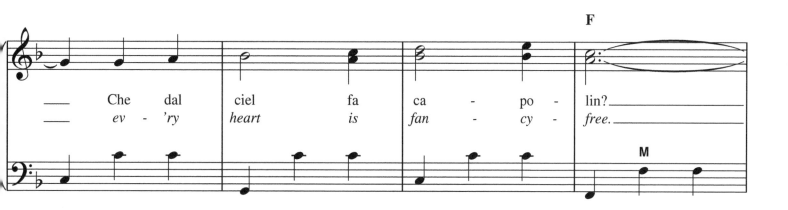

Che dal ciel fa ca - po - lin?
ev - 'ry heart is fan - cy - free.

E se pur la lu - na spi - a
Ev - 'ry night in my gon - do - la,

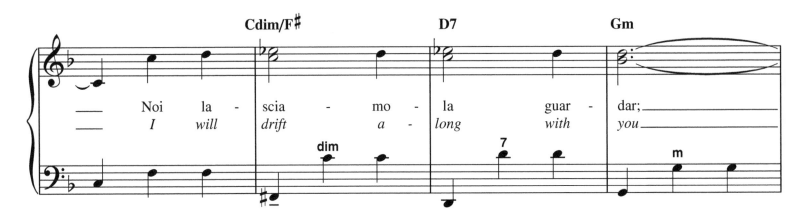

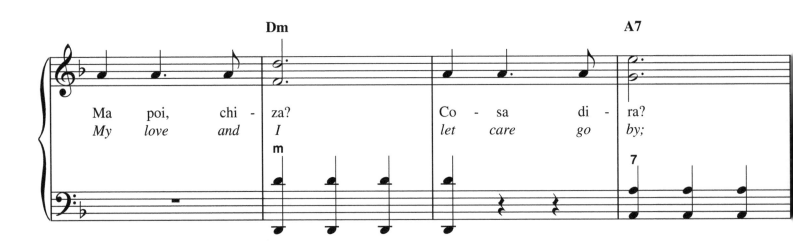

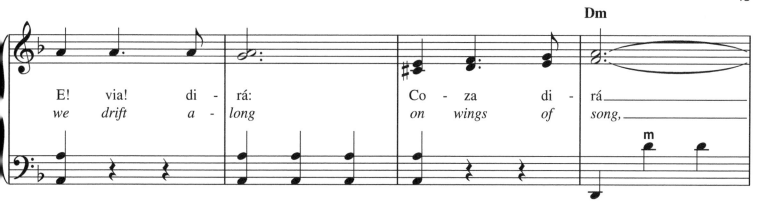

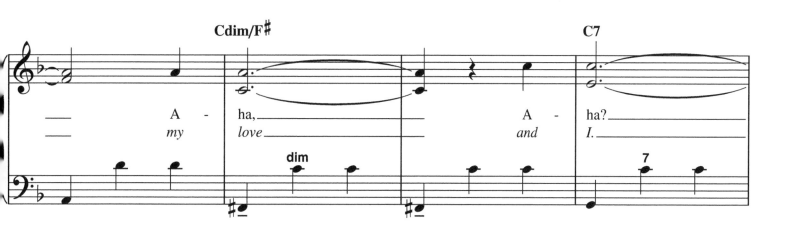

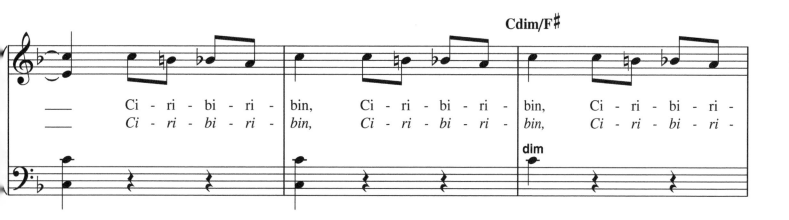

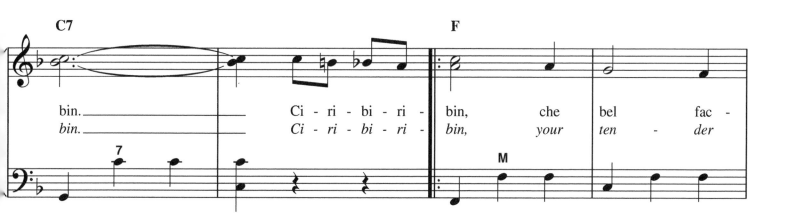

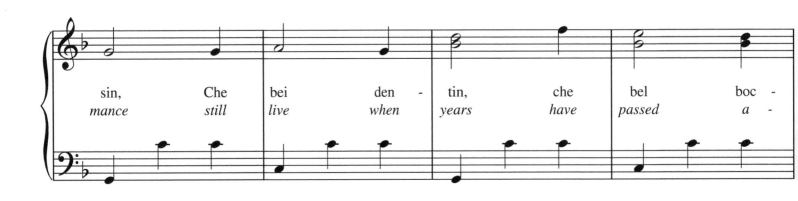

sin,   Che   bei   den - tin,   che   bel   boc -
vine,   tell   me   you're   mine   be - fore   we

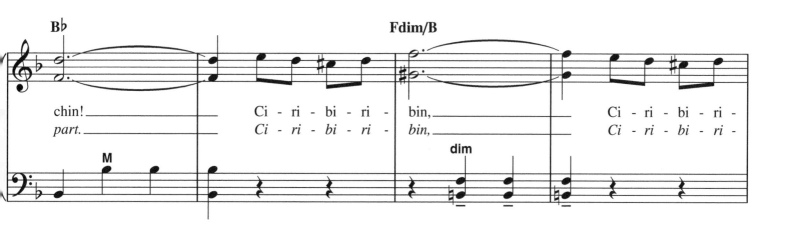

chin! _____   Ci - ri - bi - ri - bin, _____   Ci - ri - bi - ri -
part. _____   Ci - ri - bi - ri - bin, _____   Ci - ri - bi - ri -

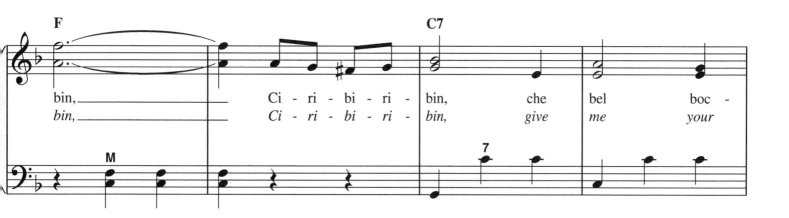

bin, _____   Ci - ri - bi - ri - bin,   che   bel   boc -
bin, _____   Ci - ri - bi - ri - bin,   give   me   your

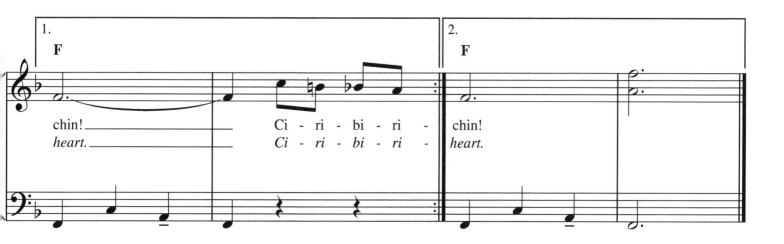

1.   2.

chin! _____   Ci - ri - bi - ri - chin!
heart. _____   Ci - ri - bi - ri - heart.

COME BACK TO SORRENTO

By ERNESTO DE CURTIS

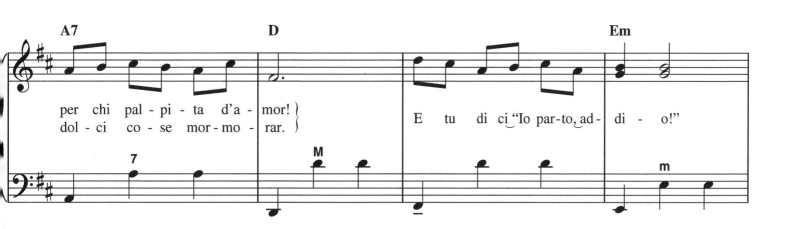

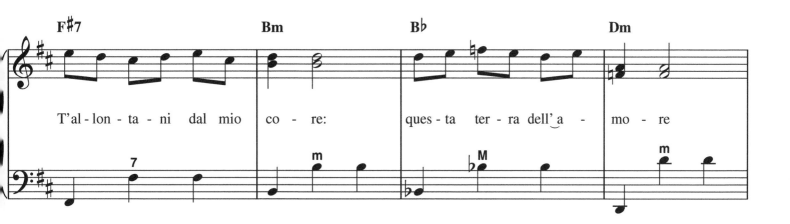

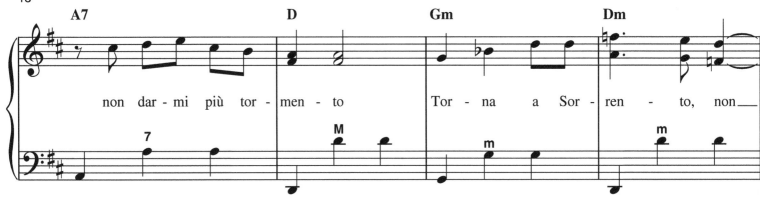

non dar-mi più tor - men - to   Tor - na a Sor - ren - to, non____

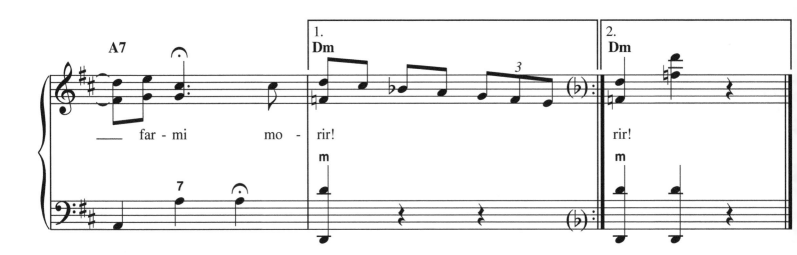

____ far - mi mo - rir!   rir!

English Lyrics

1. Oh how deep is my devotion,
   Oh how sweet is my emotion,
   As in dreams I cross an ocean
   To be with a love so true.
   Once again to hold you near me,
   Once again to kiss you dearly,
   Once again to let you hear me
   Tell you of my love so true.
   As I wake, my tears are starting,
   Thinking of the hour of parting,
   Thinking of a ship departing
   From Sorrento and from you.
   I'll come back, my love,
   To meet you in Sorrento,
   I'll come to Sorrento,
   To you, my love!

2. I keep dreaming of Sorrento,
   For I met you in Sorrento,
   And you gave me a memento
   To be treasured all my days.
   Oh! the night was warm and lovely,
   Stars were in the sky above me,
   And your kiss declared you love me
   It's a memory that stays.
   Though my heart is wrapped with sadness,
   I recall that night of gladness,
   Ev'ry moment full of madness
   Will remain with me always.
   I'll come back, my love,
   To meet you in Sorrento,
   I'll come to Sorrento,
   To you, my love!

FUNICULI, FUNICULA

Words and Music by
LUIGI DENZA

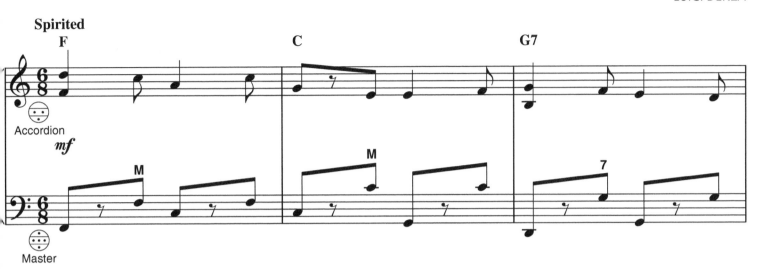

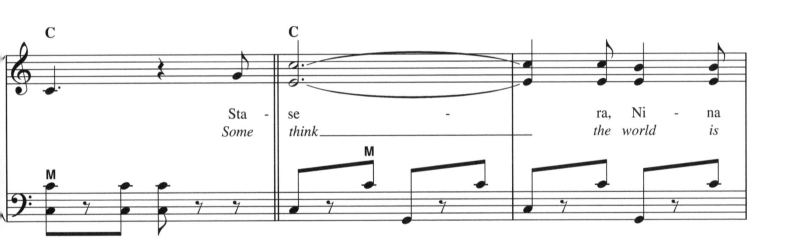

Sta - se - ra, Ni - na
Some think *the world is*

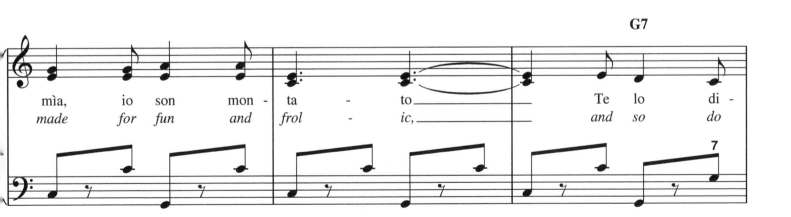

mìa, io son mon - ta - to Te lo di -
made *for fun and* *frol - ic,* *and so do*

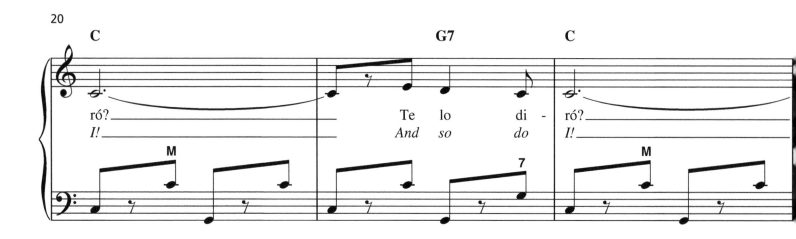

ró?_____ Te lo di - ró?_____

I!_____ And so do I!_____

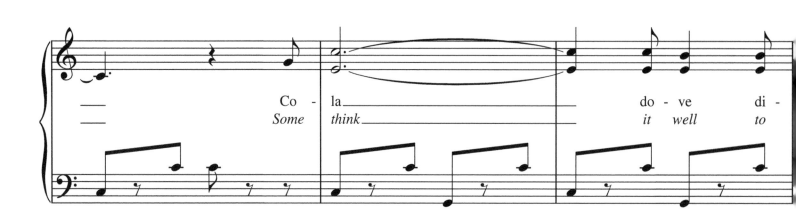

___ Co - la_____ do - ve di -

___ Some think_____ it well to

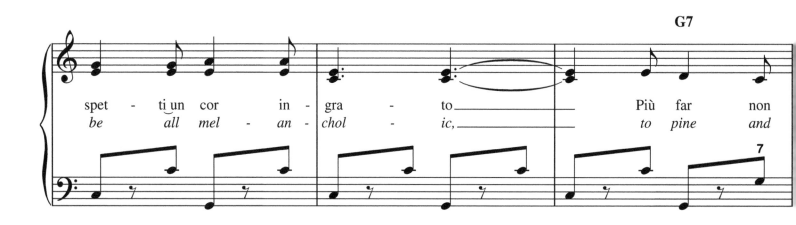

spet - ti un cor in - gra - to_____ Più far non

be all mel - an - chol - ic,_____ to pine and

può_____ Più far non può_____

sigh,_____ to pine and sigh,_____

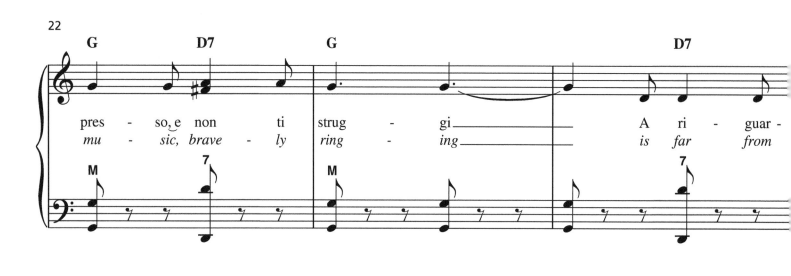

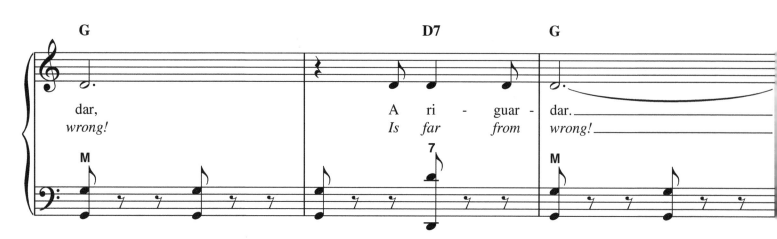

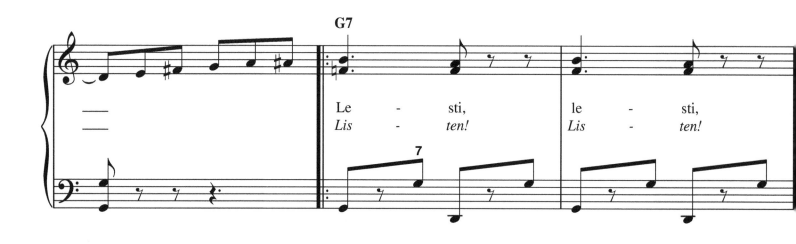

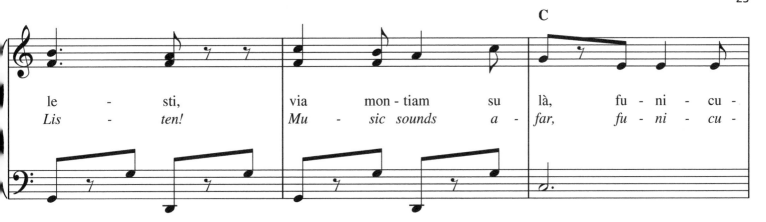

Em
B7
Co - là co - cen - te è il
but I, I love to
m
7
Em
B7
Em
B7
fo - co, ma se fug - gi Ti la - scia
spend my time in sing - ing some joy - ous
m
7
m
m
7
Em
B7
Em
star Ti la - scia star:
song, some joy - ous song.
m
7
m
G
D7
E non ti cor - re ap -
To set the air with
M
7

le - sti,
Lis - ten!
via mon - tiam su là, fu - ni - cu -
Mu - sic sounds a - far, fu - ni - cu -

li, fu - ni - cu - la fu - ni - ci - li fu - ni - cu -
li, fu - ni - cu - la fu - ni - ci - li fu - ni - cu -

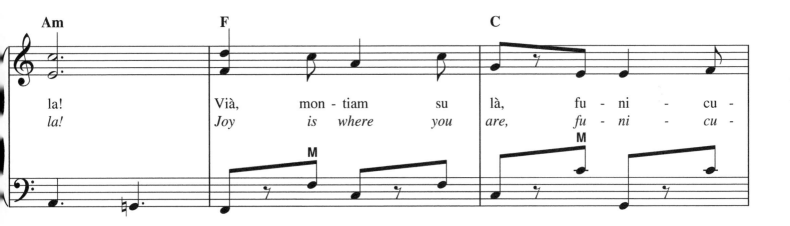

la!
la!
Vià, mon - tiam su là, fu - ni - cu -
Joy is where you are, fu - ni - cu -

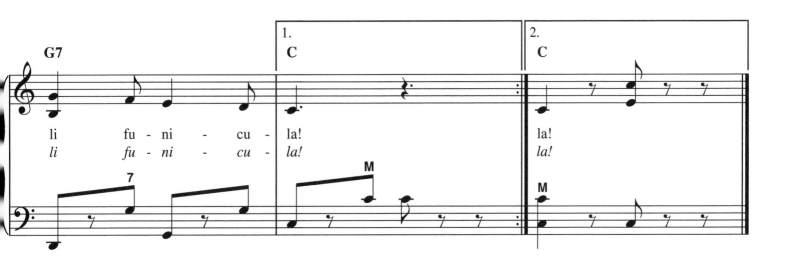

li fu - ni - cu - la!
li fu - ni - cu - la!
la!
la!

IL BACIO
(The Kiss)

By LUIGI ARDITI

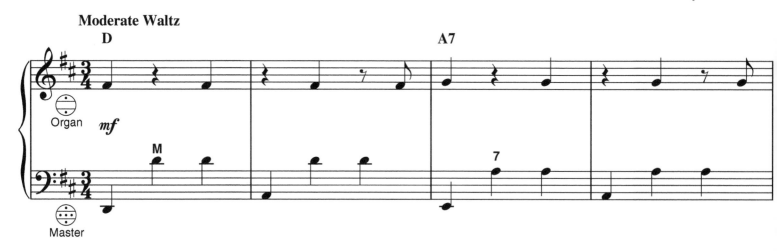

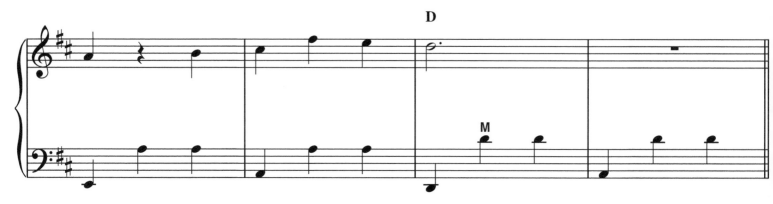

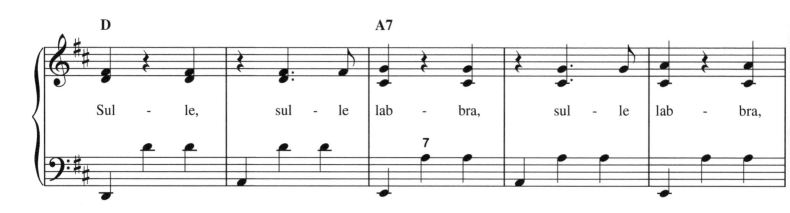

Sul - le, sul - le lab - bra, sul - le lab - bra,

se po - tes - si, Dol - ce un ba - cìo ti da-

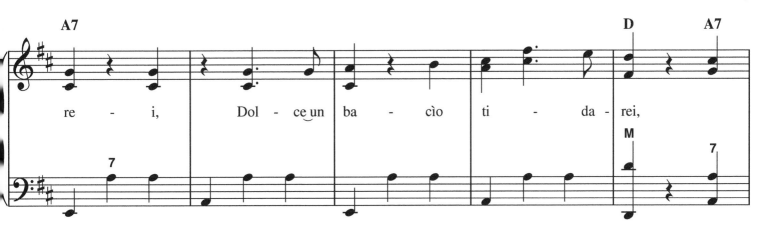

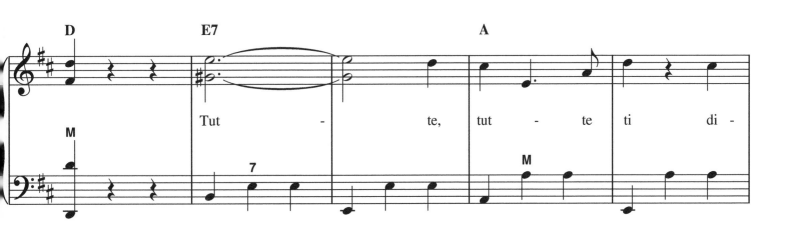

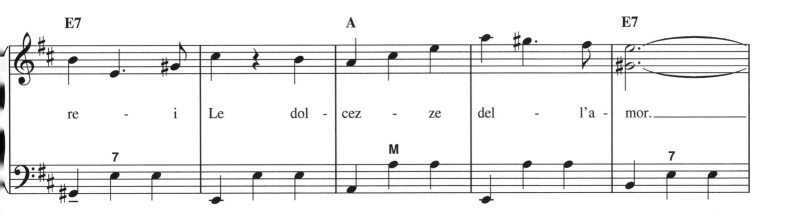

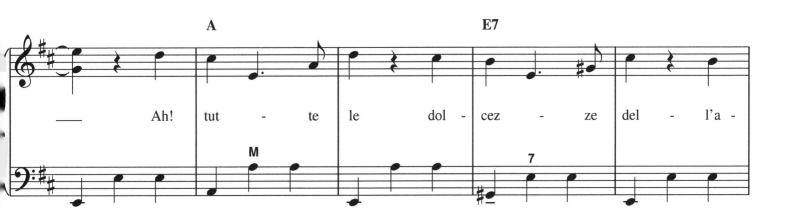

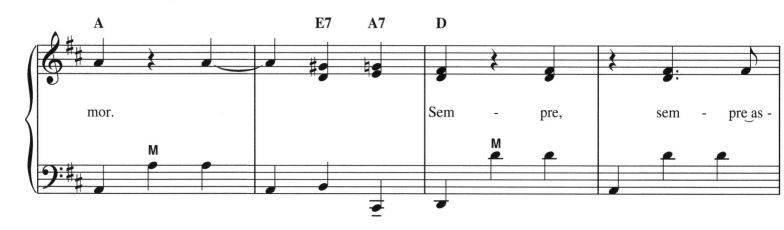

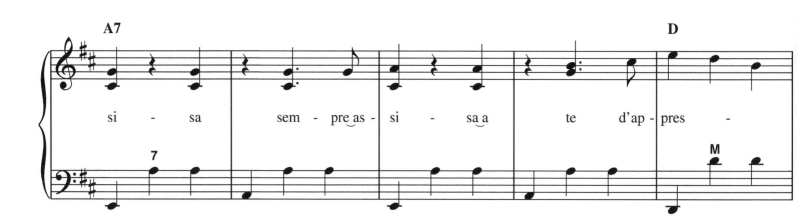

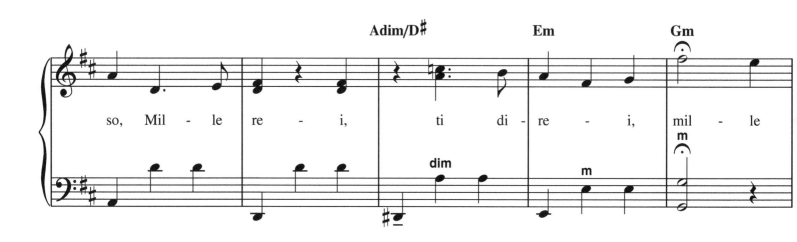

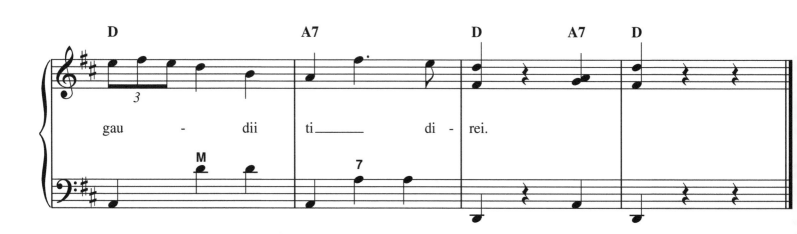

LA DONNA È MOBILE
from RIGOLETTO

By GIUSEPPE VERDI

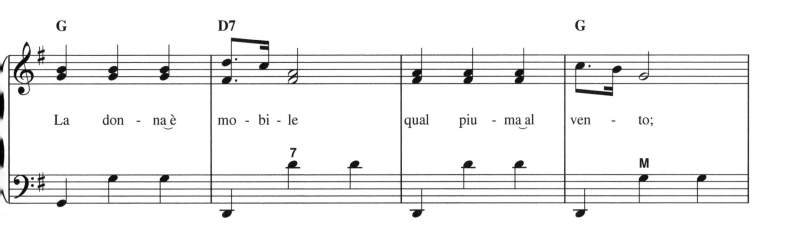

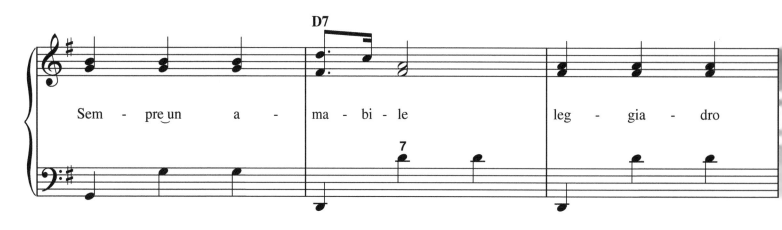

Sem - pre_un a - ma - bi - le   leg - gia - dro

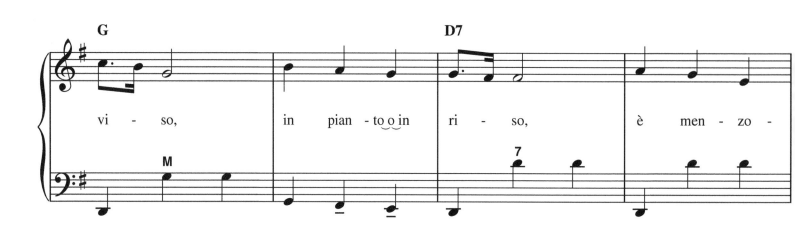

vi - so,   in pian - to_o in ri - so,   è men - zo -

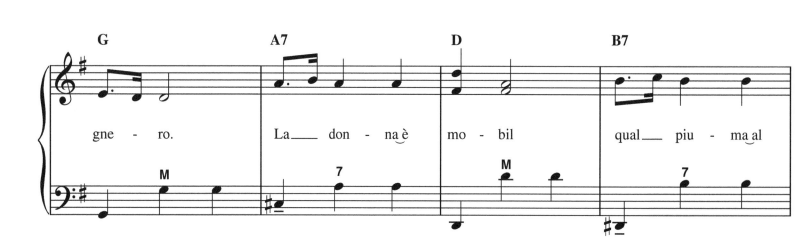

gne - ro.   La___ don - na_è mo - bil   qual___ piu - ma_al

ven - to;   mu - ta d'ac - cen - to

LA SORELLA

By C. BOREL-CLERC

LA SPAGNOLA

By VINCENZO CHIARI

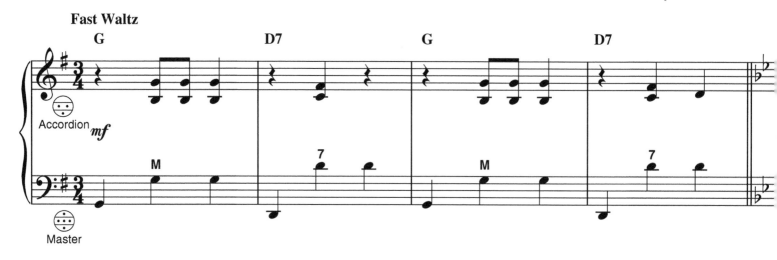

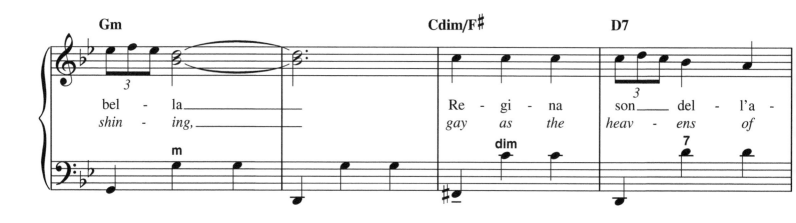

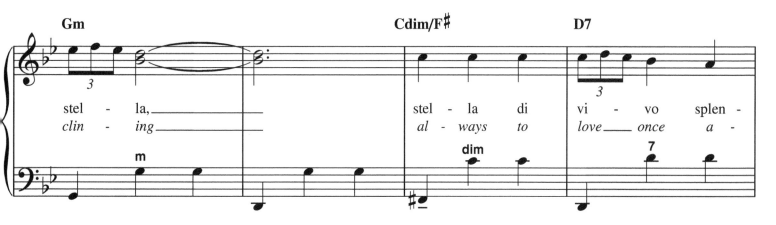

stel - la,_____ stel - la di vi - vo splen -
clin - ing_____ al - ways to love____ once a -

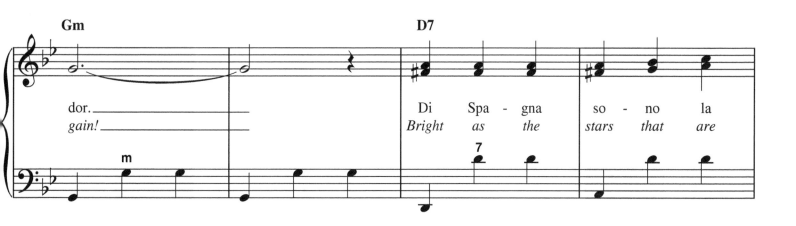

dor._____ Di Spa - gna so - no la
gain!_____ Bright as the stars that are

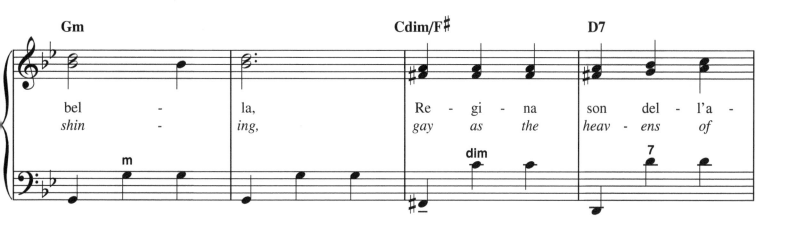

bel - la, Re - gi - na son del - l'a -
shin - ing, gay as the heav - ens of

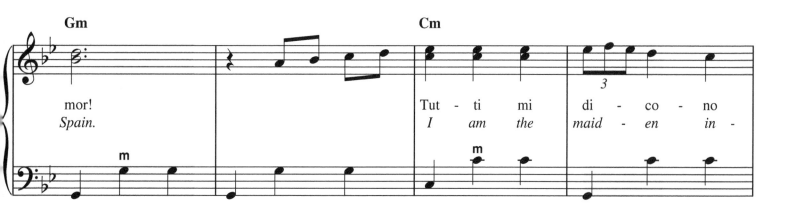

mor! Tut - ti mi di - co - no
Spain. I am the maid - en in -

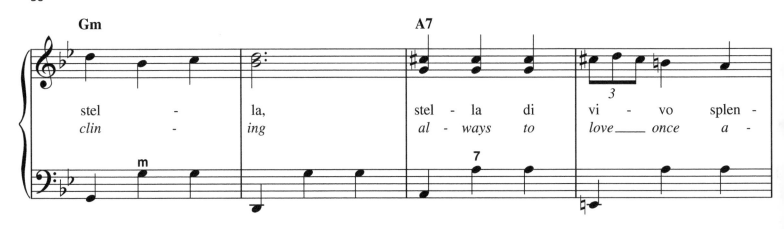

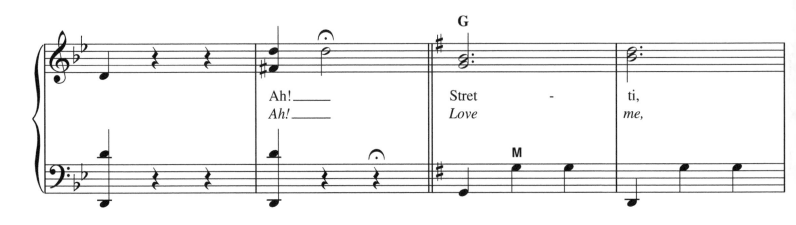
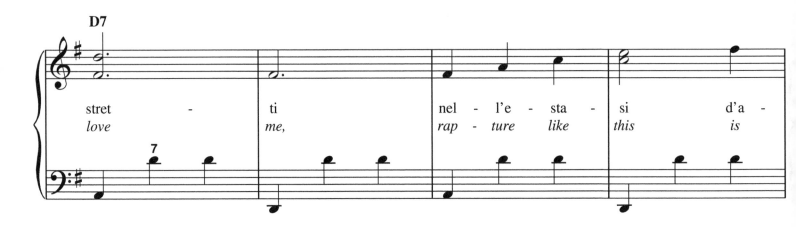

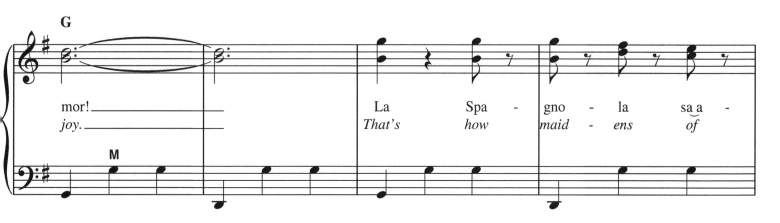

mor!_____
joy._____

La Spa - gno - la sa a -
That's how maid - ens of

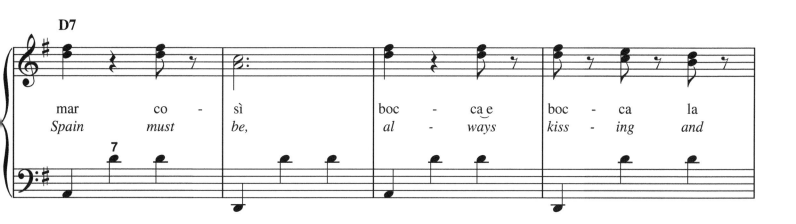

mar co - sì
Spain must be,

boc - ca e
al - ways

boc - ca la
kiss - ing and

not - te e il dì.
full of glee!

Stret - ti,
Love me,

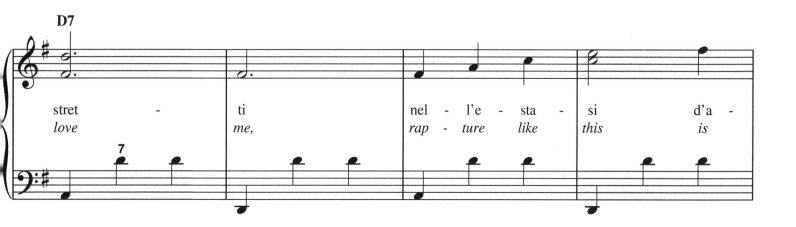

stret - ti
love me,

nel l'e - sta - si d'a -
rap - ture like this is

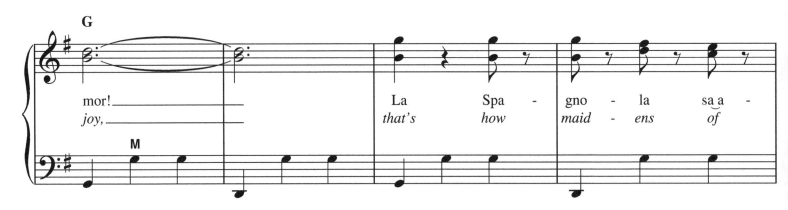

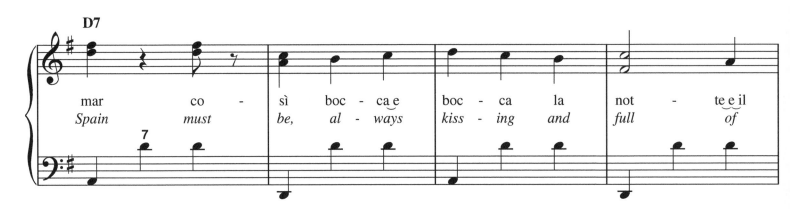

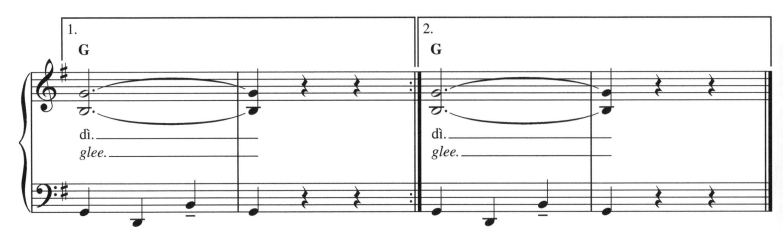

Additional Lyrics

2. Amo con tutto l'ardore
   A chi è sincero con me!
   Degli anni miei il vigore
   Gli fo ben presto veder!
   Amo con tutto l'ardore
   A chi è sincero con me!
   Degli anni miei il vigore
   Gli fo ben presto veder!
   Ah! Stretti, stretti nell'estasi d'amor!
   La Spagnola sa amar così bocca e bocca la notte e il dì.
   Stretti, stretti nell'estasi d'amor!
   La Spagnola sa amar così bocca e bocca la notte e il dì.

2. *If you are true I'll adore you,*
   For you will capture my heart,
   And I will live only for you,
   I'll never want to depart!
   If you are true I'll adore you,
   For you will capture my heart,
   And I will live only for you,
   I'll never want to depart! Ah!
   Love me, love me,
   Rapture like this is joy,
   That's how maidens of Spain must be,
   Always kissing and full of glee!
   Love me, love me,
   Rapture like this is joy,
   That's how maidens of Spain must be,
   Always kissing and full of glee!

MATTINATA

By RUGGERO LEONCAVALLO

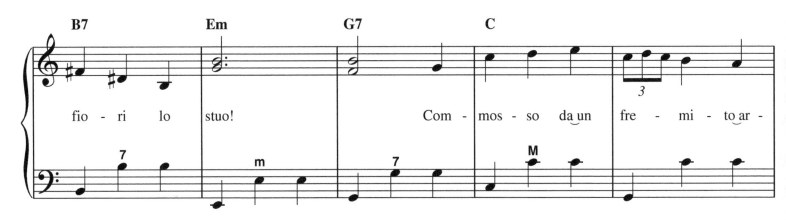

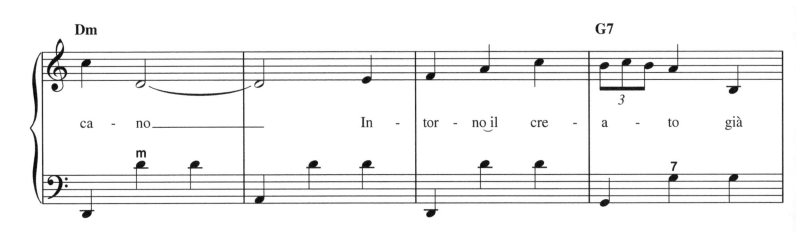

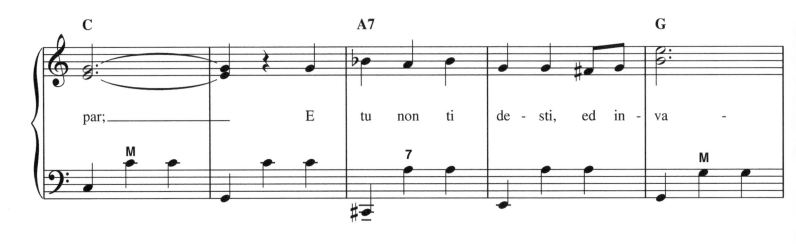

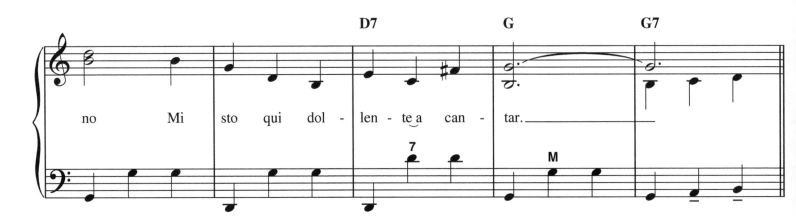

Met - ti an - che   tu   la ve - ste bian - ca   E schiu - di

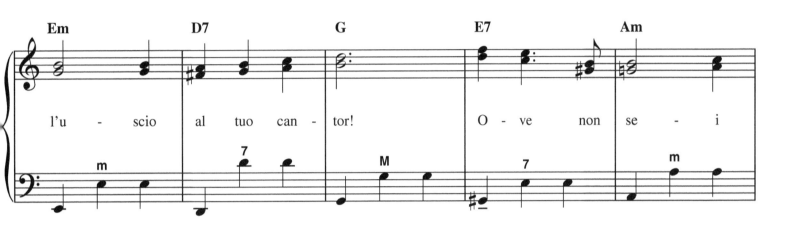

l'u - scio   al tuo can - tor!   O - ve non se - i

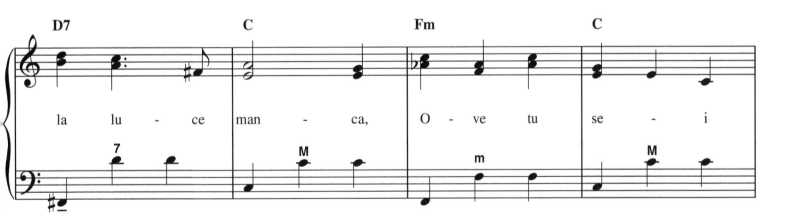

la lu - ce man - ca,   O - ve tu se - i

na - sce l'a - mor!   na - sce l'a - mor!

'O SOLE MIO

Words by GIOVANNI CAPURRO
Music by EDUARDO DI CAPUA

Che bel - la co - sa 'na iur - na - ta 'e
Be - hold the bril - liant sun in all its

so - le,___ N'a - ria se - re - na dop -
splen - dor,___ for - got - ten is the storm,___

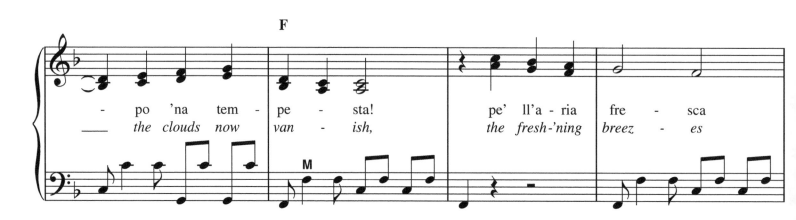

- po 'na tem - pe - sta! pe' ll'a - ria fre - sca
the clouds now van - ish, the fresh - 'ning breez - es

45

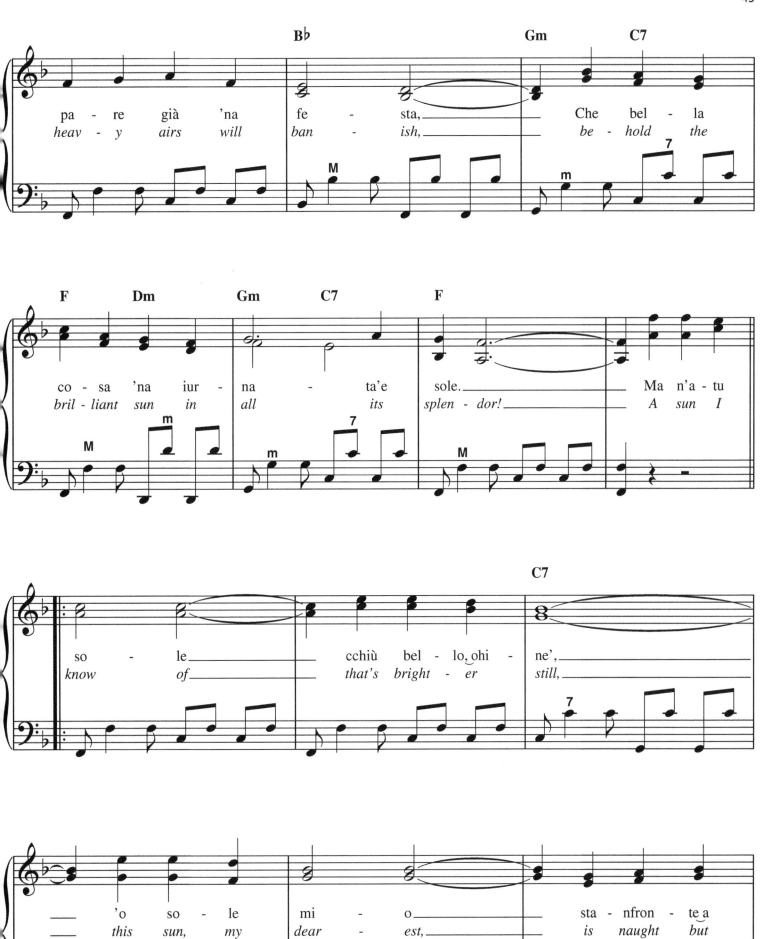

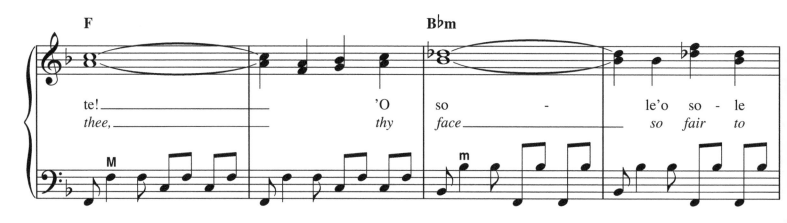

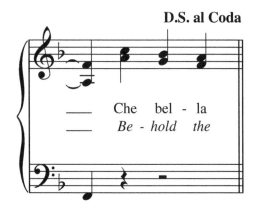

OH MARIE

Words and Music by
EDUARDO DI CAPUA

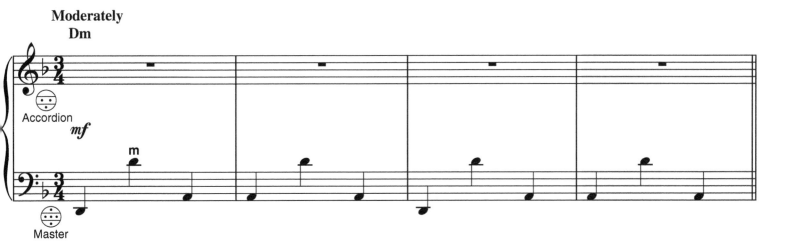

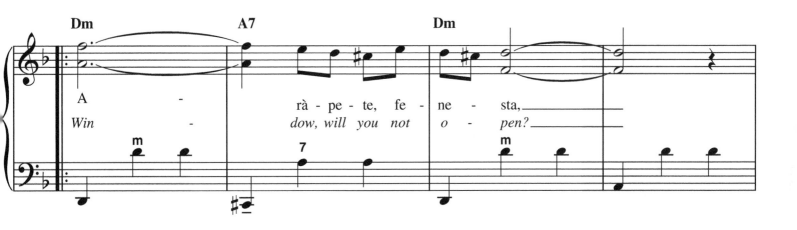

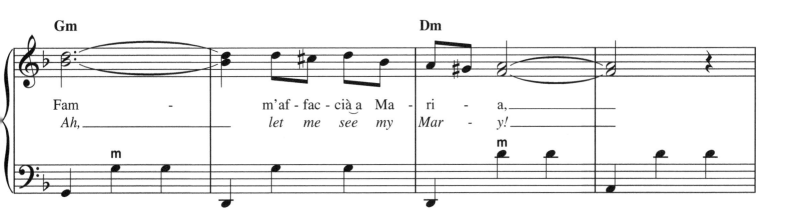

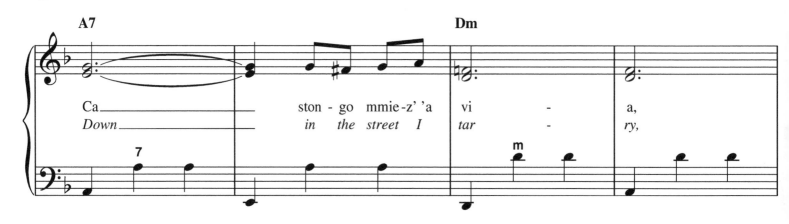

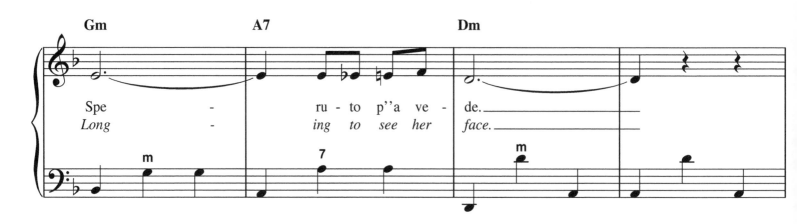

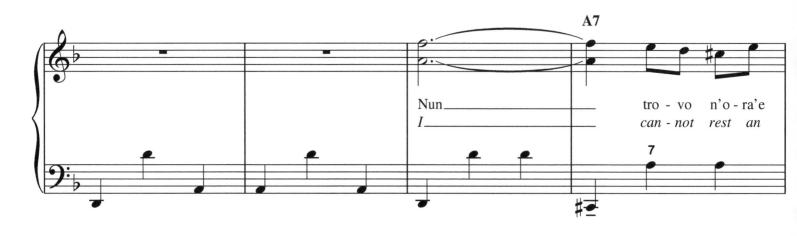

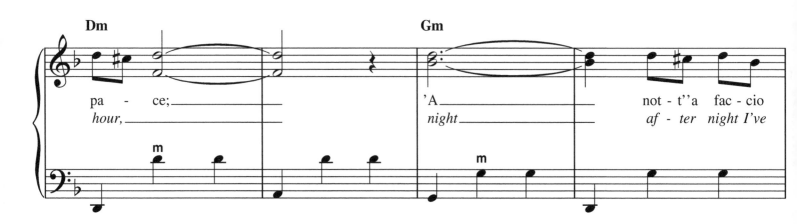

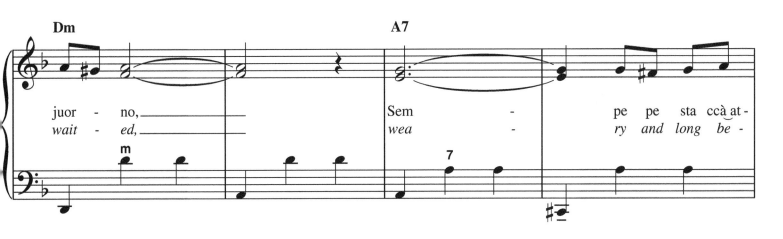

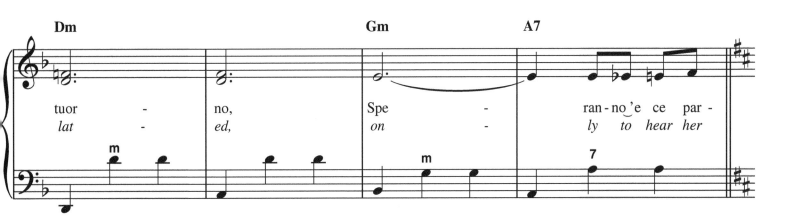

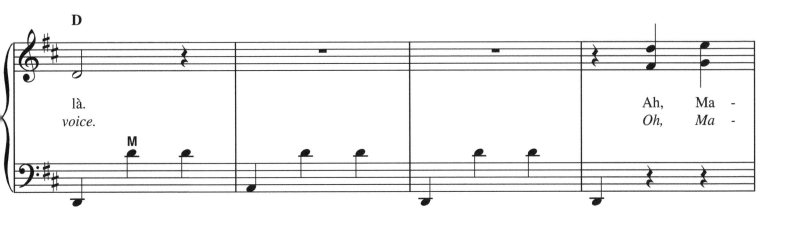

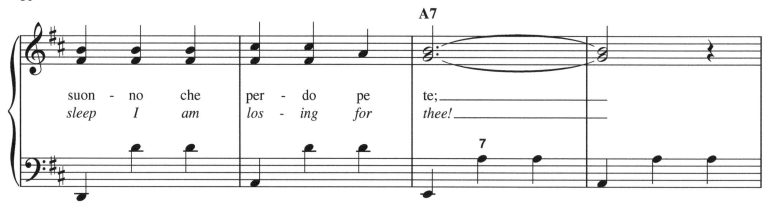

suon - no che per - do pe te;
sleep I am los - ing for thee!

Fam - m'ad - dur mi, Ab - brac -
Now let me rest for a

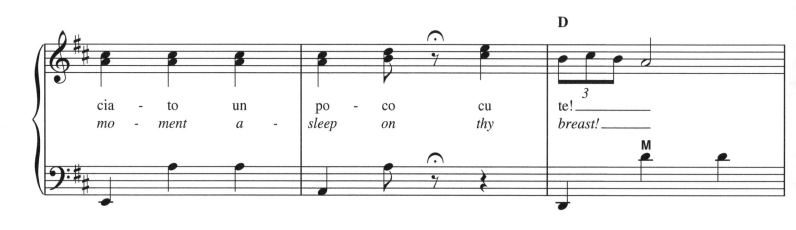

cia - to un po - co cu te!
mo - ment a - sleep on thy breast!

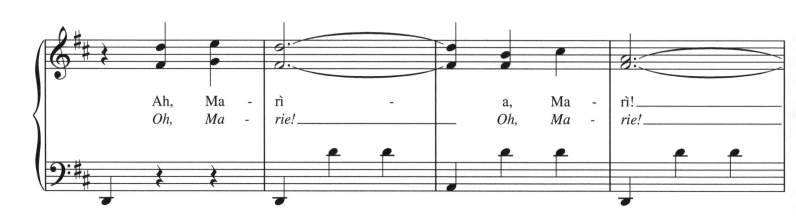

Ah, Ma - rì a, Ma - rì!
Oh, Ma - rie! Oh, Ma - rie!

Quan - ta   suon - no che   per - do pe   te;_____
*All   the   sleep   I   am   los - ing   for   thee!*_____

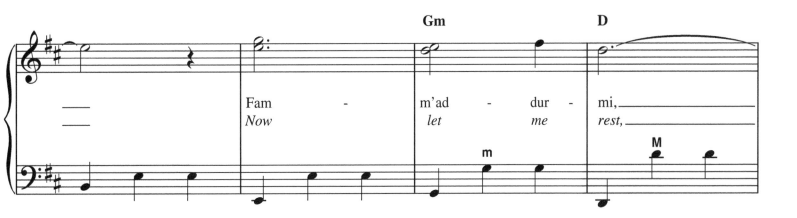

Fam - m'ad - dur - mi,_____
*Now   let   me   rest,*_____

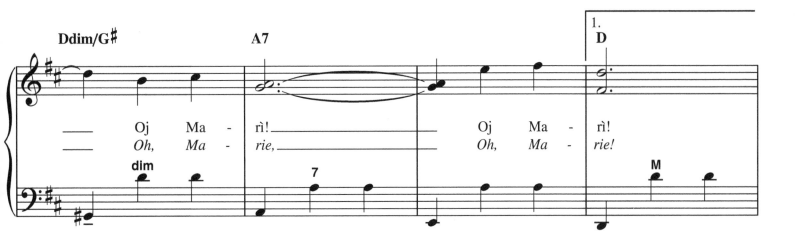

Oj   Ma - rì!_____   Oj   Ma - rì!
*Oh,   Ma - rie,*_____   *Oh,   Ma - rie!*

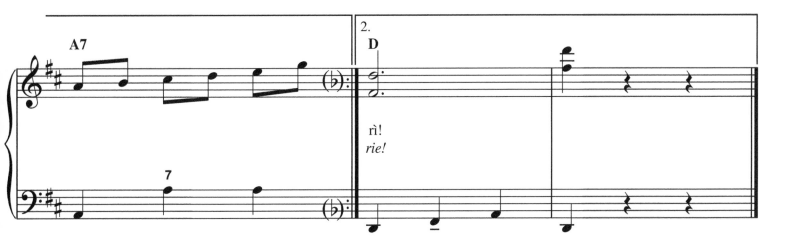

rì!
rie!

QUANDO MEN VO
(Musetta's Waltz)
from LA BOHÈME

By GIACOMO PUCCINI

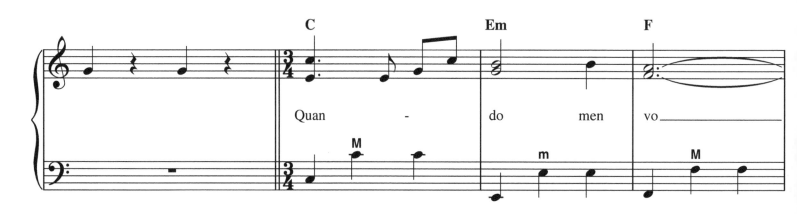

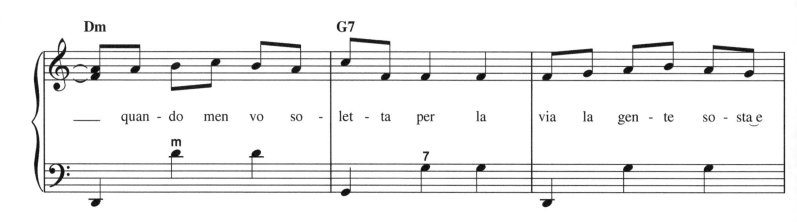

mi - ra,_____ e la bel - lez - za

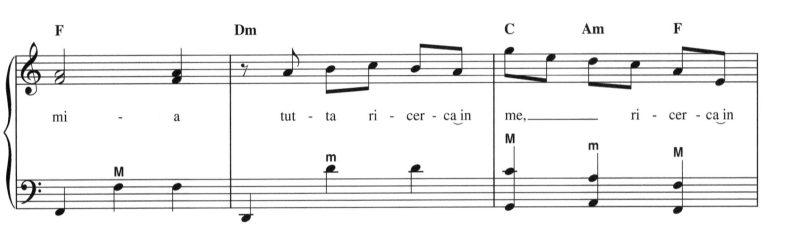

mi - a tut - ta ri - cer - ca in me,_____ ri - cer - ca in

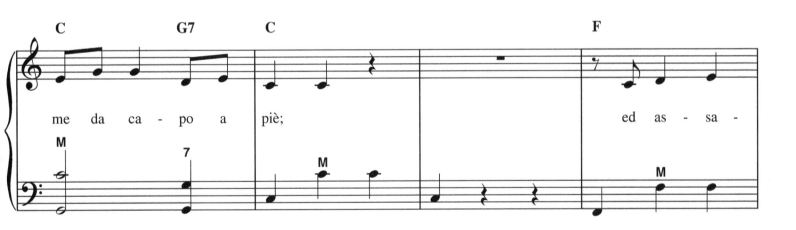

me da ca - po a piè; ed as - sa -

po - ro al - lor la bra - mo - sia sot - til,____ che da gl'oc - chi tra - spi - ra

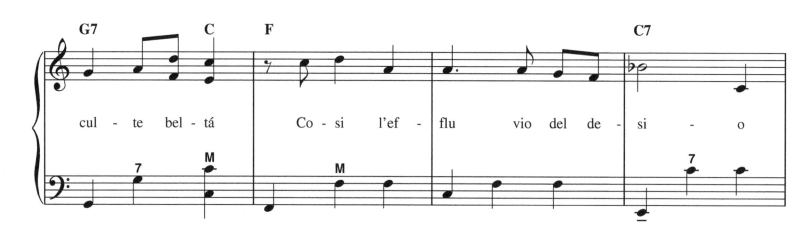

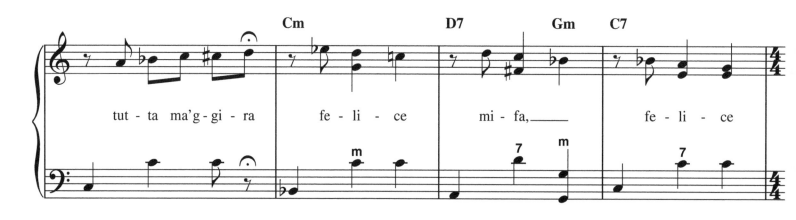

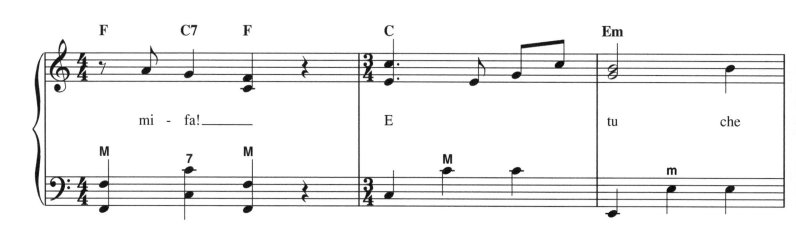

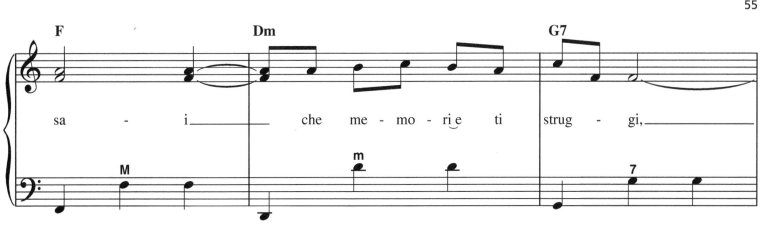

sa - i____ che me - mo - ri e ti strug - gi,____

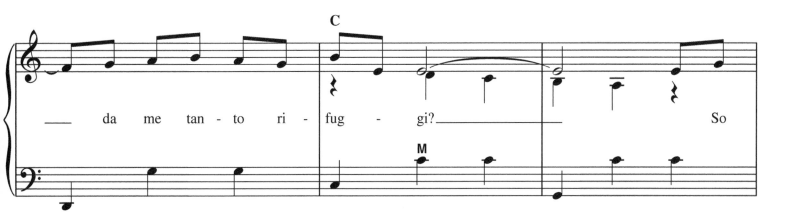

____ da me tan - to ri - fug - gi?____ So

ben: le an - go - scie tue non le vuoi dir, non le vuoi dir, so

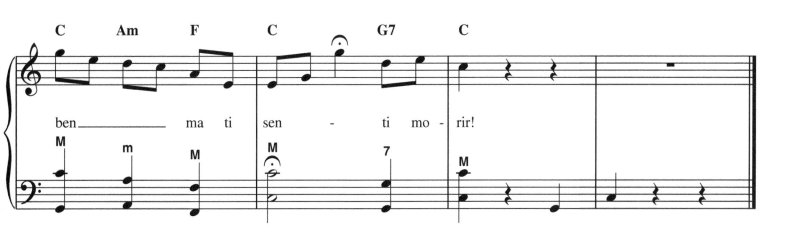

ben____ ma ti sen - ti mo - rir!

SANTA LUCIA

By TEODORO COTTRAU

Moderate Waltz

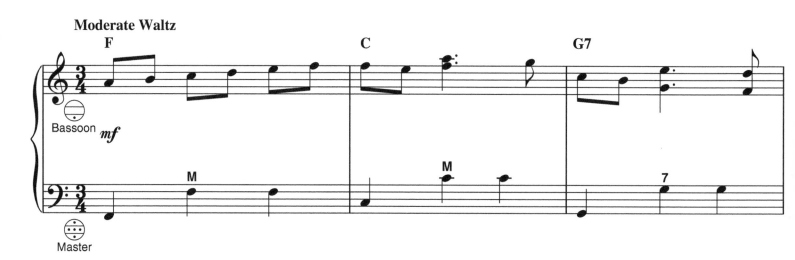

Bassoon *mf*

Master

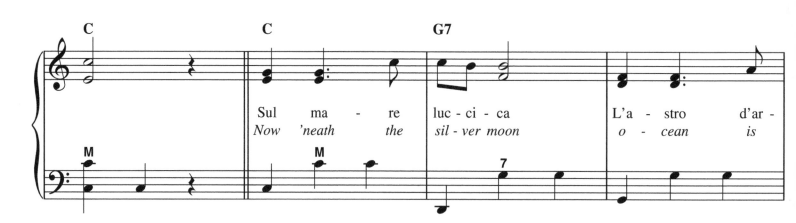

Sul ma - re luc-ci-ca L'a - stro d'ar -
Now 'neath the sil -ver moon o - cean is

gen - to, Pla - ci - da è l'on - da, Pro - spe - ro è il
glow - ing, o'er the calm bil - low, soft winds are

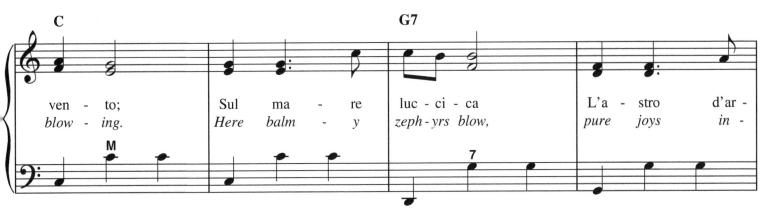

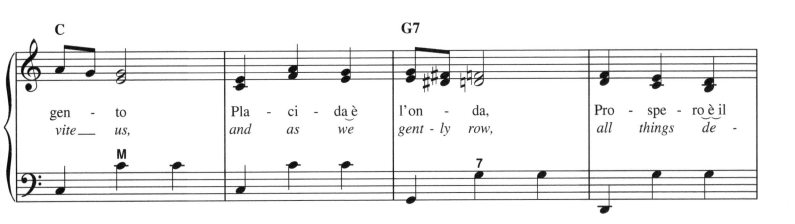

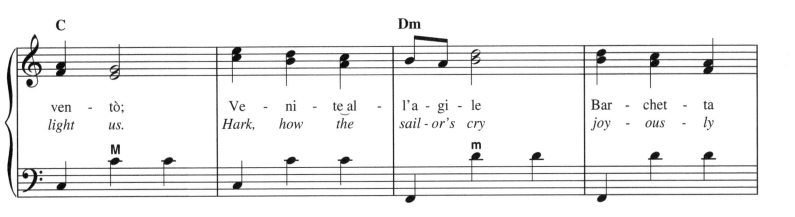

Santa — ta Lu — ci — a! Ve — ni — te al — l'a — gi — le
San — ta Lu — ci — a! *Home of fair po — e — sy,*

Bar — chet — ta mi — a Santa — ta Lu —
realm of pure har — mo — ny, *San — ta Lu —*

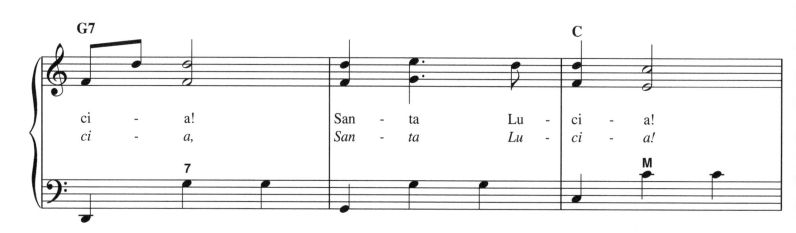

ci — a! San — ta Lu — ci — a!
ci — a, *San — ta Lu — ci — a!*

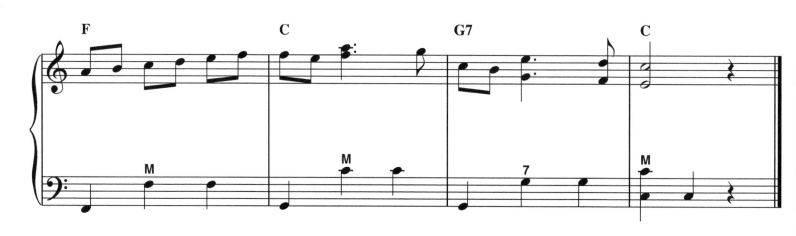

TESORO MIO

By ERNESTO BECUCCI

TARANTELLA

Traditional

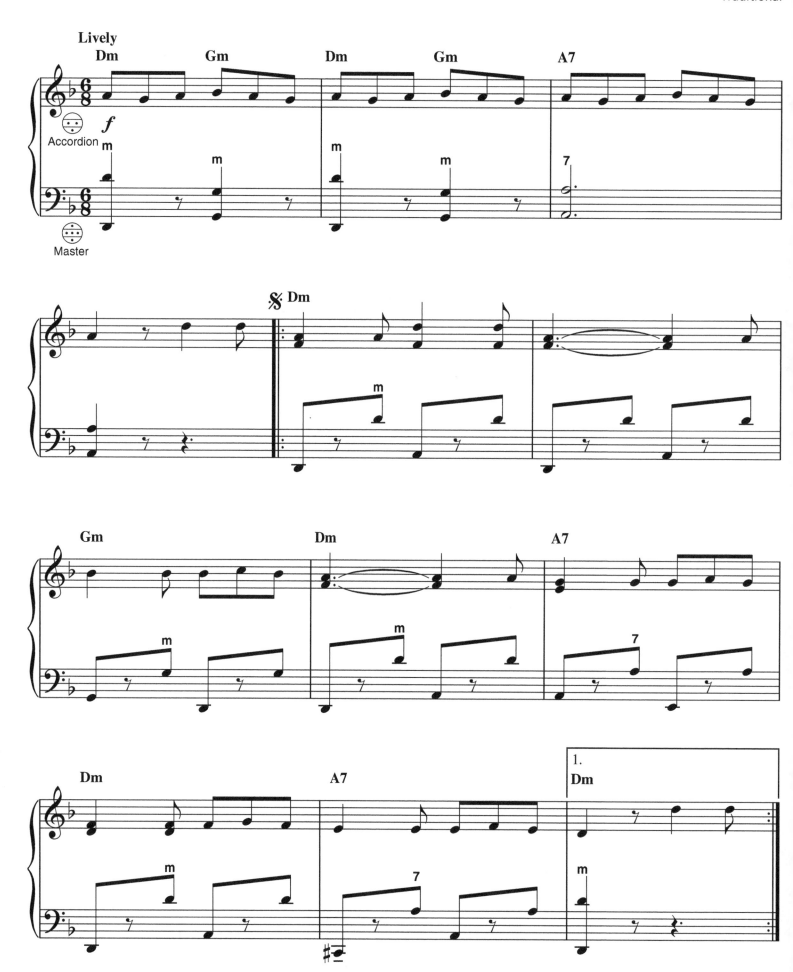

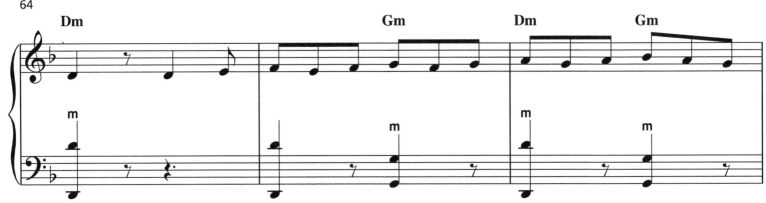

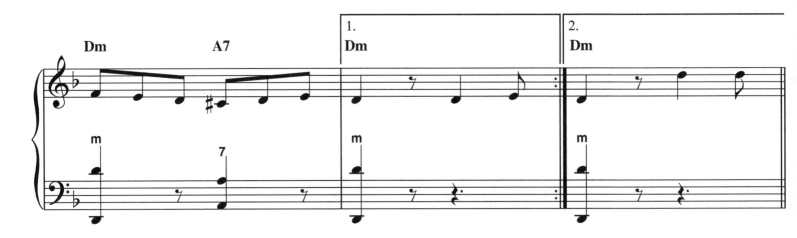

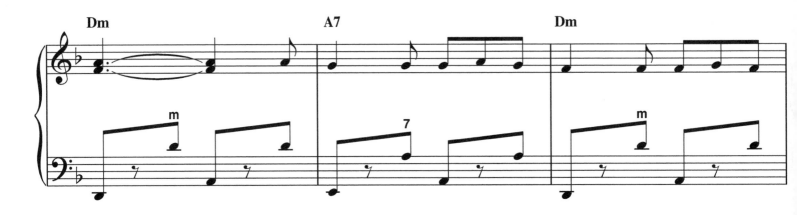

VIENI SUL MAR

Italian Folk Song

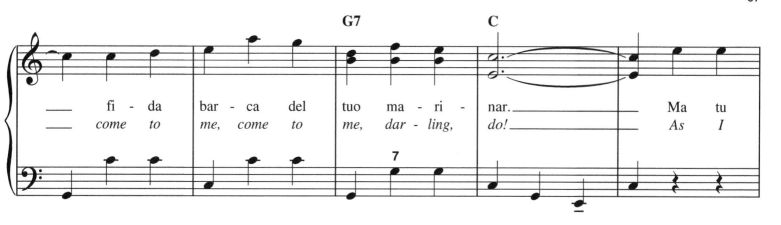

fi - da bar - ca del tuo ma - ri - nar. Ma tu
come to me, come to me, dar - ling, do! As I

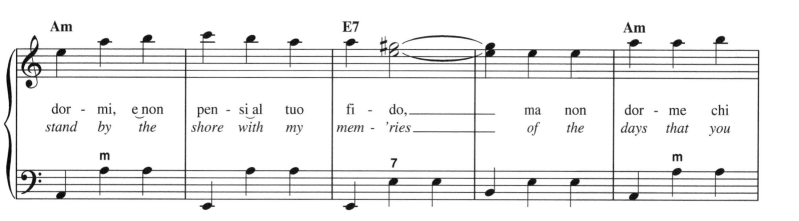

dor - mi, e non pen - si al tuo fi - do, ma non dor - me chi
stand by the shore with my mem - 'ries of the days that you

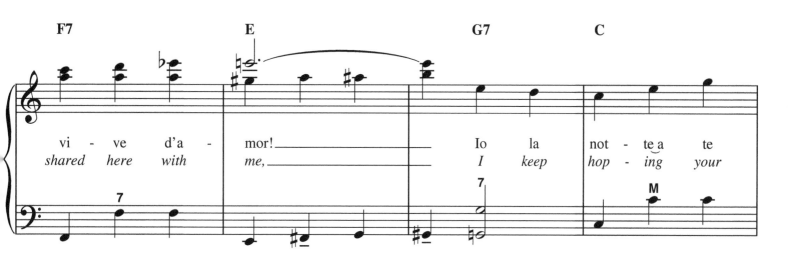

vi - ve d'a - mor! Io la not - te a te
shared here with me, I keep hop - ing your

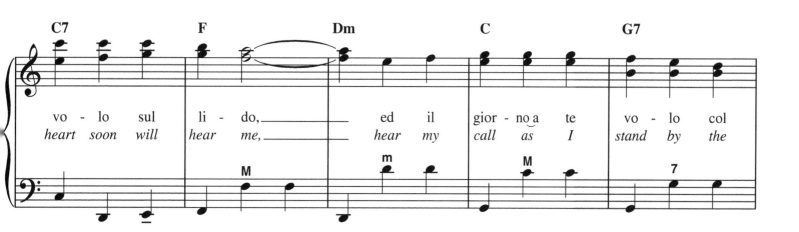

vo - lo sul li - do, ed il gior - no a te vo - lo col
heart soon will hear me, hear my call as I stand by the

cor! Vie - ni sul
sea. *Come,* *come to* *the*

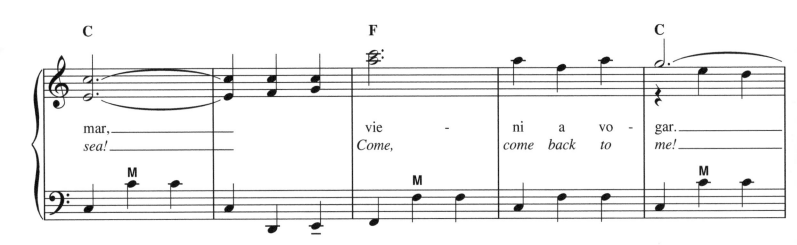

mar, vie - ni a vo - gar.
sea! *Come,* *come back* *to* *me!*

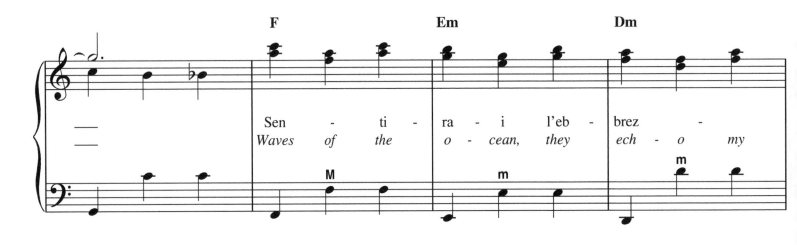

Sen - ti - ra - i l'eb - brez -
Waves *of* *the* *o - cean,* *they* *ech - o* *my*

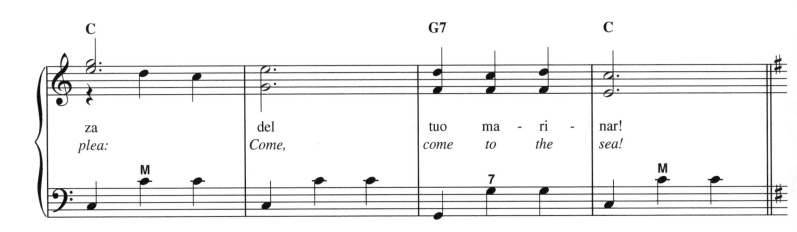

za del tuo ma - ri - nar!
plea: *Come,* *come to* *the* *sea!*

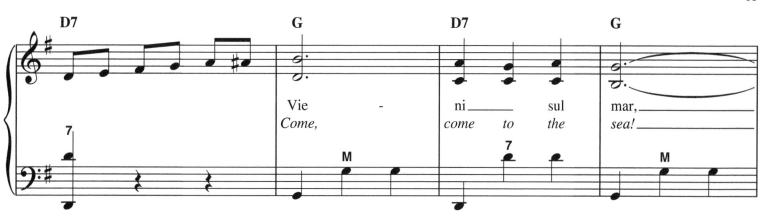

Vie -　ni_____ sul mar,_____
Come,　*come to the sea!*_____

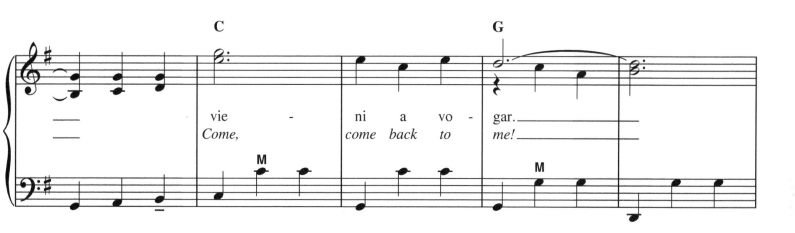

_____ vie -　ni a vo - gar._____
Come,　*come back to me!*_____

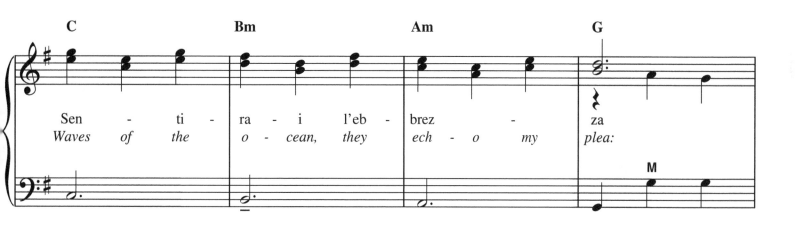

Sen - ti - ra - i l'eb - brez - za
Waves of the o - cean, they ech - o my plea:

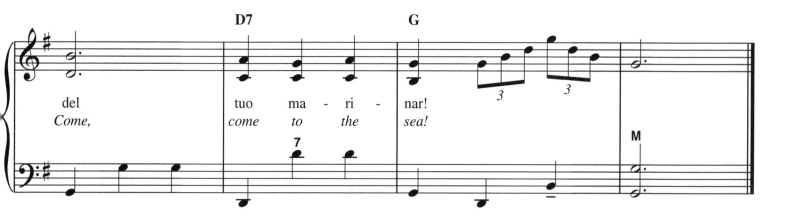

del　tuo ma - ri - nar!
Come,　*come to the sea!*

A COLLECTION OF ALL-TIME FAVORITES
FOR ACCORDION

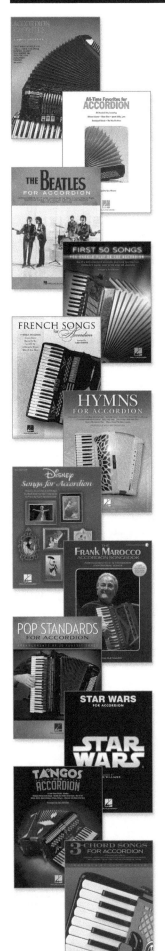

ACCORDION FAVORITES
arr. Gary Meisner

16 all-time favorites, arranged for accordion, including: Can't Smile Without You • Could I Have This Dance • Endless Love • Memory • Sunrise, Sunset • I.O.U. • and more.
00359012...$12.99

ALL-TIME FAVORITES FOR ACCORDION
arr. Gary Meisner

20 must-know standards arranged for accordions. Includes: Ain't Misbehavin' • Autumn Leaves • Crazy • Hello, Dolly! • Hey, Good Lookin' • Moon River • Speak Softly, Love • Unchained Melody • The Way We Were • Zip-A-Dee-Doo-Dah • and more.
00311088...$12.99

THE BEATLES FOR ACCORDION

17 hits from the Lads from Liverpool have been arranged for accordion. Includes: All You Need Is Love • Eleanor Rigby • The Fool on the Hill • Here Comes the Sun • Hey Jude • In My Life • Let It Be • Ob-La-Di, Ob-La-Da • Penny Lane • When I'm Sixty-Four • Yesterday • and more.
00268724 ....$14.99

BROADWAY FAVORITES
arr. Ken Kotwitz

A collection of 17 wonderful show songs, including: Don't Cry for Me Argentina • Getting to Know You • If I Were a Rich Man • Oklahoma • People Will Say We're in Love • We Kiss in a Shadow.
00490157...$10.99

DISNEY SONGS FOR ACCORDION – 3RD EDITION

13 Disney favorites especially arranged for accordion, including: Be Our Guest • Beauty and the Beast • Can You Feel the Love Tonight • Chim Chim Cher-ee • It's a Small World • Let It Go • Under the Sea • A Whole New World • You'll Be in My Heart • Zip-A-Dee-Doo-Dah • and more!
00152508 ....$12.99

FIRST 50 SONGS YOU SHOULD PLAY ON THE ACCORDION
arr. Gary Meisner

If you're new to the accordion, you are probably eager to learn some songs. This book provides 50 simplified arrangements of must-know popular standards, folk songs and show tunes, including: All of Me • Beer Barrel Polka • Carnival of Venice • Edelweiss • Hava Nagila (Let's Be Happy) • Hernando's Hideaway • Jambalaya (On the Bayou) • Lady of Spain • Moon River • 'O Sole Mio • Sentimental Journey • Somewhere, My Love • That's Amore (That's Love) • Under Paris Skies • and more. Includes lyrics when applicable.
00250269 ....$16.99

FRENCH SONGS FOR ACCORDION
arr. Gary Meisner

A très magnifique collection of 17 French standards arranged for the accordion. Includes: Autumn Leaves • Beyond the Sea • C'est Magnifique • I Love Paris • La Marseillaise • Let It Be Me (Je T'appartiens) • Under Paris Skies • Watch What Happens • and more.
00311498...$10.99

HYMNS FOR ACCORDION
arr. Gary Meisner

24 treasured sacred favorites arranged for accordion, including: Amazing Grace • Beautiful Savior • Come, Thou Fount of Every Blessing • Crown Him with Many Crowns • Holy, Holy, Holy • It Is Well with My Soul • Just a Closer Walk with Thee • A Mighty Fortress Is Our God • Nearer, My God, to Thee • The Old Rugged Cross • Rock of Ages • What a Friend We Have in Jesus • and more.
00277160 ....$9.99

ITALIAN SONGS FOR ACCORDION
arr. Gary Meisner

17 favorite Italian standards arranged for accordion, including: Carnival of Venice • Ciribiribin • Come Back to Sorrento • Funiculi, Funicula • La donna è mobile • La Spagnola • 'O Sole Mio • Santa Lucia • Tarantella • and more.
00311089...$12.99

LATIN FAVORITES FOR ACCORDION
arr. Gary Meisner

20 Latin favorites, including: Bésame Mucho (Kiss Me Much) • The Girl from Ipanema • How Insensitive (Insensatez) • Perfidia • Spanish Eyes • So Nice (Summer Samba) • and more.
00310932...$14.99

THE FRANK MAROCCO ACCORDION SONGBOOK

This songbook includes arrangements and recordings of 15 standards and original songs from legendary jazz accordionist Frank Marocco, including: All the Things You Are • Autumn Leaves • Beyond the Sea • Moon River • Moonlight in Vermont • Stormy Weather (Keeps Rainin' All the Time) • and more!
00233441 Book/Online Audio..............$19.99

POP STANDARDS FOR ACCORDION
Arrangements of 20 Classic Songs

20 classic pop standards arranged for accordion are included in this collection: Annie's Song • Chances Are • For Once in My Life • Help Me Make It Through the Night • My Cherie Amour • Ramblin' Rose • (Sittin' On) The Dock of the Bay • That's Amore (That's Love) • Unchained Melody • and more.
00254822 ....$14.99

POLKA FAVORITES
arr. Kenny Kotwitz

An exciting new collection of 16 songs, including: Beer Barrel Polka • Liechtensteiner Polka • My Melody of Love • Paloma Blanca • Pennsylvania Polka • Too Fat Polka • and more.
00311573...$12.99

STAR WARS FOR ACCORDION

A dozen songs from the Star Wars franchise: The Imperial March (Darth Vader's Theme) • Luke and Leia • March of the Resistance • Princess Leia's Theme • Rey's Theme • Star Wars (Main Theme) • and more.
00157380 ....$14.99

TANGOS FOR ACCORDION
arr. Gary Meisner

Every accordionist needs to know some tangos! Here are 15 favorites: Amapola (Pretty Little Poppy) • Aquellos Ojos Verdes (Green Eyes) • Hernando's Hideaway • Jalousie (Jealousy) • Kiss of Fire • La Cumparsita (The Masked One) • Quizás, Quizás, Quizás (Perhaps, Perhaps, Perhaps) • The Rain in Spain • Tango of Roses • Whatever Lola Wants (Lola Gets) • and more!
00122252 ....$12.99

3-CHORD SONGS FOR ACCORDION
arr. Gary Meisner

Here are nearly 30 songs that are easy to play but still sound great! Includes: Amazing Grace • Can Can • Danny Boy • For He's a Jolly Good Fellow • He's Got the Whole World in His Hands • Just a Closer Walk with Thee • La Paloma Blanca (The White Dove) • My Country, 'Tis of Thee • Ode to Joy • Oh! Susanna • Yankee Doodle • The Yellow Rose of Texas • and more.
00312104 ....$12.99

LAWRENCE WELK'S POLKA FOLIO

More than 50 famous polkas, schottisches and waltzes arranged for piano and accordion, including: Blue Eyes • Budweiser Polka • Clarinet Polka • Cuckoo Polka • The Dove Polka • Draw One Polka • Gypsy Polka • Helena Polka • International Waltzes • Let's Have Another One • Schnitzelbank • Shuffle Schottische • Squeeze Box Polka • Waldteuful Waltzes • and more.
00123218...$14.99

HAL•LEONARD®
Visit Hal Leonard Online at
www.halleonard.com